¡Sssssshhhhhhhhhhh!

Haz del teatro algo íntimo

Llévalo siempre en el bolsillo

Cubierta y diseño editorial: Éride, Diseño Gráfico
Dirección editorial: ángel jiménez

Primera edición: enero, 2025

Casa de muñecas
© Eduardo Galán
© VdB, 2025
Espronceda, 5
28003 Madrid

VdB®

ISBN: 979-13-87644-05-5
Depósito Legal: M-2669-2025
Diseño y preimpresión: Éride, Diseño Gráfico

Este libro protege el entorno

casa de muñecas

Eduardo Galán Font

Dramaturgo, guionista, novelista y ensayista español. Actualmente es miembro de la Junta Directiva y del Consejo de Dirección de SGAE, Vicepresidente 1º de la Academia de las Artes Escénicas y Secretario General de la Asociación de Productores y Teatros de Madrid (APTEM).

Como autor teatral ha estrenado más de treinta obras originales y muchas adaptaciones. Entre las originales sobresalen, entre otras, *La profesora* (*Life lessons/Lecciones de vida* en su estreno mundial en Nueva York con cinco premios internacionales), *La curva de la felicidad, Blablacoche, Maniobras, Historia de 2, La posada del Arenal, Mujeres frente al espejo, Nerón, Mercado de amores, Anónima sentencia, La sombra del poder…* Y entre las adaptaciones figuran, entre otras, *Las guerras de nuestros antepasados,* de Miguel Delibes; *Los pazos de Ulloa* de Emilia Pardo Bazán; *Un marido ideal* y *La importancia de llamarse Ernesto,* de Óscar Wilde; el musical *El fantasma de la ópera,* de Lloyd Weber; *La Celestina,* de Fernando de Rojas; *El caballero de Olmedo,* de Lope de Vega; *El galán fantasma,* de Calderón de la Barca; *El zoo de cristal,* de Tennesse Williams; *Anfitrión,* de Plauto; *Alejandro Magno,* de Racine; *El Lazarillo de Tormes* y *La Regenta,* de Leopoldo Alas Clarín y *Casa de muñecas* de Henrik Ibsen.

Como novelista ha publicado la novela para niños *SOS Salvad al ratoncito Pérez* y *La pasión de Alma.* En 2021 dio a conocer *Diario de un confinamiento.*

EDUARDO GALÁN

casa de muñecas

(Adaptación teatral de la obra original
de Henrik Ibsen)

Esta función se estrenó en el Teatro Salón Cervantes
de Alcalá de Henares, el 25 de octubre de 2024,
interpretada por María León (NORA),
Santi Marín (HELMER), Patxi Freytez (ÓSCAR),
Alejandro Bruni (RANK) y Pepa Gracia (CRISTINA).

Dirección: Lautaro Perotti.

Personajes

NORA Helmer	Esposa de Osvaldo Helmer.
Osvaldo HELMER	Bancario, marido de Nora.
Doctor Peter RANK	Amigo de los Helmer, médico.
CRISTINA Linde	Amiga de Nora.
ÓSCAR Krogstad	Empleado de banca.

Espacio escénico

Salón familiar en casa de los Helmer. Es Navidad. Época actual. Se podría jugar con un espacio vacío y un escenario circular, que diera vueltas sobre sí mismo para potenciar la imagen de soledad de Nora, a la que siempre tendríamos sentada en una silla o de pie junto a su silla. Los demás personajes girarían en torno a ella.

Época actual

A fin de potenciar la soledad de Nora, el tratamiento que le dan como si fuera una muñeca a la que pueden vestir y desvestir, la acción transcurre en la época actual en Oslo. Se trata de presentar la decisión final de Nora con la coherencia de nuestros días y no solo como algo histórico: hoy también hay mujeres que pueden dar un portazo como el de Nora y abandonar a sus maridos e hijos. Para ello el conflicto debe reflejar también la realidad de nuestro tiempo.

Prólogo

Nora en el proscenio se dirige al público. Lleva un móvil en la mano. Aparentemente feliz y alegre.

Nora   ¿Por qué nos empeñamos en aparentar ser felices? Todas las familias suben imágenes idílicas en las redes sociales: de niños jugando en el parque o paseando por la playa o visitando lugares exóticos... ¿La gente infeliz no sube ese tipo de fotos? Afortunadamente, la mía es una familia feliz.

Escena 1

NORA está sentada en una silla leyendo un libro. Entra Osvaldo HELMER, su marido. Se quita el abrigo y lo deja junto con su cartera en una de las sillas. NORA no ve entrar a HELMER. NORA viste vaqueros, camiseta y sudadera, colores claros, ropa cómoda, y calza unas deportivas. HELMER viste traje oscuro sin corbata. Durante esta escena HELMER habla un lenguaje empalagoso, mostrándose excesivamente amable, pero también contrariado cuando NORA dice cosas que no le agradan. NORA se muestra paciente y encantadora todo el rato.

HELMER   Espera mi amor, que te ayudo con las bolsas.

NORA   ¿Qué tal tu primer día en el banco?, mi director general, ¿bien?

HELMER   Los compañeros me han felicitado con mucho cariño. ¿Y ese libro?

NORA   Un libro de botánica medicinal.

HELMER   ¿Otro?

NORA   Me examino después de las fiestas.

HELMER   Deberías descansar más. Entre la tienda, los niños y tus estudios, apenas duermes.

NORA   Si quiero aprobar...

HELMER   (*Cambia de tema.*) ¿No crees que hace demasiado calor en casa?

NORA   Dejé la calefacción encendida antes de irme a trabajar.

HELMER   ¿No quedamos en que la mantendríamos apagada mientras no estuviéramos, corazón?

NORA   Pero los niños hoy no han ido al colegio y están en casa.

HELMER   ¿Donde están?

NORA   No están, con Ana María.

HELMER   (NORA *esconde un objeto en el pantalón.*) ¿Qué escondes en tu bolsillo?

NORA   (*Jugando entre los dos.*) Algo que he comprado.

HELMER   ¿Qué has dicho?

NORA   Algo que he comprado.

HELMER   ¿Has dicho comprado?

NORA   Sí. He dicho comprado.

HELMER   (*La regaña con cariño como si fuera una niña.*) ¿Además del árbol y de los regalos te has atrevido a comprar algo más, cariño?

NORA   Claro que sí.

HELMER   Nora, no podemos derrochar sin ton ni son.

NORA   Esta Navidad podemos gastar un poco más.

HELMER   Pero sin despilfarrar.

NORA   Llevo seis meses trabajando en la tienda.

HELMER   ¿Y si te despidieran? Apenas cobrarías indemnización.

NORA   No lo harán. Trabajo bien y mi jefa está contenta conmigo.

HELMER   Eso depende de cómo le vaya el negocio.

NORA   Y tú, además, acabas de ascender de puesto y vas a ganar un buen sueldo.

HELMER   Sí, pero no cobraré más hasta el 31 de marzo. De momento no debemos hacer excesos.

NORA   Pues pedimos que te lo adelanten o se lo pedimos a algún amigo.

HELMER   No podemos andar pidiendo préstamos a los amigos.

NORA ¿Y por qué no?

HELMER ¿Y si me da un infarto?

NORA No te va a pasar nada.

HELMER Pero tú imagínatelo.

NORA Ya me lo he imaginado. ¿Y?

HELMER ¿Qué sería de ti y de los niños?

NORA Siempre me quedaría mi trabajo.

HELMER Tu trabajo dices... ¿Cuánto te pagan? ¿Cuatrocientos euros?

NORA Seiscientos.

HELMER Pues ya me dirás. ¿Qué harías con seiscientos euros?

NORA No está mal por menos de media jornada de trabajo.

HELMER No te llegaría ni para el alquiler de la casa.

NORA Además, terminaría mi carrera y pondría una farmacia.

HELMER ¿Sí? ¿Con qué dinero la abrirías? ¿Cómo pagarías la licencia, cómo alquilarías un local? ¿Sabes cuánto dinero necesitarías?

NORA Me lo prestarían.

HELMER ¿Quién te lo iba a prestar?

NORA Tu banco.

HELMER Las familias que tienen deudas, no son felices.

NORA No compares. Nosotros somos una familia feliz.

HELMER Porque no hemos pedido préstamos y así vamos a seguir.

NORA ¿Y me lo dices tú, que ganas tu sueldo de prestar dinero a los demás?

HELMER Por eso te lo digo. He visto cada desgracia...

NORA Bueno, no discutamos por esto, porque lo que realmente me haría desgraciada es que te pasara algo.

HELMER No voy a permitir que me pase nada. Siempre estaré a tu lado para cuidarte.

  (*Se acerca y la abraza por detrás.*)

NORA Te quiero.

HELMER Y yo a ti, Nora.

NORA ¿Sabes lo que he pensado?

HELMER   ¿El qué?

NORA   Que el año que viene no voy a seguir matri-
          culada en la universidad a distancia.

HELMER   (*Alegre.*) Muy bien. Por fin te das cuenta de
          que los niños están creciendo y van a necesi-
          tar que les ayudes con sus estudios.

NORA   (*Contrariada.*) También los podrías ayudar tú
          un poquito, ¿no crees?

HELMER   ¿Yo?

NORA   Sí, tú.

HELMER   Ya sabes que yo pierdo la paciencia enseguida.

NORA   La paciencia es un hábito que se adquiere
          practicándola.

HELMER   Además, ahora tendré que quedarme muchas
          tardes en el banco.

NORA   Ya, pero no es justo…

          (*Se calla triste.*)

HELMER   ¿Por qué pones morritos?

NORA   Porque lo que quiero es matricularme en la
          universidad presencial e ir por las tardes a
          clase. Será mucho más rápido y terminaré la
          carrera antes.

HELMER   ¿Por las tardes?

NORA   Sí, por las tardes.

HELMER   (*Asustado.*) ¿Es decir, trabajar por la mañana e irte por la tarde a la universidad?

NORA   (*Segura.*) Eso es lo que te estoy diciendo.

HELMER   (*Preocupado.*) ¿Y a qué hora volverás a casa?

NORA   A las ocho o a las nueve... Cuando terminen las clases.

HELMER   (*Angustiado.*) ¿Y quién va a cuidar a los niños?

NORA   Pues tú.

HELMER   Te repito que apenas voy a tener tiempo libre con el nuevo puesto.

NORA   Entonces, Ana María.

HELMER   Sí, claro, para que esté toda la tarde poniendo la tele a los niños.

NORA   (*Amable.*) Somos un equipo, ¿no, mi amor?

HELMER   Sí, claro, formamos un equipo. Yo juego de delantero y tú de defensa. Con mi sueldo los niños podrán ir a un colegio privado y les podremos enviar en los veranos a estudiar inglés a Irlanda. Mientras yo trabajo, tú podrás estar más pendiente de ellos. Reparto de tareas. Eso es formar equipo, corazón.

NORA   Entonces, ¿no quieres que siga estudiando?

HELMER   A mí me gustaría que pensaramos más en nuestros hijos.

NORA   No voy a dejar de pensar en nuestros hijos.

HELMER   ¿Y si lo dejas para cuando los niños sean mayores y no te necesiten? Si Emma ya está entrando en la pre-adolescencia y los mellizos no dan una en el colegio...

NORA   (*Decepcionada.*) Osvaldo, yo quiero ser farmacéutica...

HELMER   (*Conciliador.*) Vale. Si tanto te gusta, sigue matriculada en la universidad a distancia. Todo esto lo estoy haciendo por ti, no quiero que estés todo el día fuera de casa y que vayas a terminar agotada.

NORA   Yo no he dicho que vaya estar todo el día fuera de casa.

HELMER   (*Corta la discusión.*) Bueno, ya lo hablaremos después de las fiestas. (*Saca su billetera del bolsillo del pantalón.*) Adivina lo que traigo aquí.

NORA   ¿Dinero?

HELMER (*Alegre. Le entrega un fajo de billetes.*) Cuéntalo. Es parte del bonus por los incentivos de este año.

NORA (*Intenta estar alegre.*) Cincuenta, cien, doscientos, quinientos, ochocientos, mil... ¡Con mil euros vamos a pasar unas Navidades maravillosas!

HELMER Ya lo creo. Y te sobrará para algo más, ¿no?

NORA Claro que sí. Ya lo verás.

(*Sobreponiéndose a la contrariedad de antes, alegre.*)

HELMER De acuerdo. Y ahora dime, ¿qué quieres para ti?

NORA ¿Para mí? Nada. Ya me he comprado unas botas.

HELMER ¡Venga, no seas cría! Dime algo especial que te guste y que no sea muy caro.

NORA No sé... Realmente, nada, no hay que gastar, ¿no? Aunque tal vez podrías... Podrías regalarme...

HELMER ¿Qué?

NORA No, nada. No gastes.

HELMER Pero Nora...

NORA   Sí, Osvaldo. Ya sé lo que puedes regalarme.

HELMER   ¿El qué?

NORA   ¿Qué te parece si colgamos los billetes que acabas de traer en el árbol envueltos en papel plateado?

HELMER   ¿Colgar los billetes del árbol?

NORA   (*Alegre y espontánea.*) ¡Sí! Nunca lo hemos hecho.

HELMER   Los niños van a pensar que Papá Noel viene cargado con un maletín de billetes y eso no es educarlos. Los niños tienen que saber que el dinero cuesta trabajo.

NORA   Ya, cariño, pero si lo dejamos ahí, yo tengo más tiempo de pensar en qué lo gastamos.

HELMER   Y tú muy gastosa…

NORA   ¿Por qué me llamas gastosa si yo ahorro todo lo que puedo?

HELMER   Todo lo que puedes. Pero es que no ahorras mucho. Siempre se te ocurre algún capricho que comprar.

NORA   Si tú supieras los esfuerzos que tengo que hacer para que podamos comer y vestirnos con dignidad, no me dirías estas cosas.

HELMER Sonríe un poco, cielo.

NORA Si sonrío, pero no confías en mí.

HELMER Claro que sí. Eres una mujer extraordinaria. Eres la mujer más guapa del mundo.

NORA Te quejarás, con lo bien que te trato.

HELMER Al contrario, no me quejo. Solo te digo que lo llevas en la sangre, en tu ADN, heredado de tu padre. Gastar y gastar como si no hubiera un mañana.

NORA Hubiera preferido heredar otras cualidades de mi padre.

HELMER Pero te quiero como eres.

NORA Por cierto... ¿Te has acordado de invitar a Peter a cenar?

HELMER ¡No! Se me ha olvidado.

NORA ¡Pobre doctor! Va a pensar que no lo queremos invitar.

HELMER No lo piensa. Todos los años cena con nosotros. De todos modos, se lo recordaré ahora cuando venga a vernos. Estoy muy ilusionado con la cena de esta noche.

NORA   Yo también estoy muy contenta. ¡Los niños van a disfrutar la nochebuena como nunca! Tengo muchas ganas de ver sus caras cuando descubran los regalos.

HELMER   Y no como otros años, tú ahí haciendo los regalos durante tres semanas encerrada, y yo echándote de menos.

NORA   No teníamos dinero para comprar regalos. (*Se besan. Llaman a la puerta. Se separan.*) ¡Vaya! Viene alguien.

HELMER   Abre tú. Yo me voy a mi despacho que tengo que reorganizar al personal.

NORA   Ánimo director.

(NORA *asiente.* HELMER *sale fuera de escena.*)

Escena 2

Entra CRISTINA Linde.

CRISTINA   Hola.

NORA   (*Sin saber quién es.*) Hola.

CRISTINA   Nora.

NORA   ¿Sí?

CRISTINA   ¿No me reconoces?

NORA   No, no, lo siento.

CRISTINA   Mírame bien. ¿Ya no te acuerdas del colegio?

NORA   (*Reconociéndola.*) ¡Ah, sí. sí, sí! ¡Cristina! ¡Cristina Linde!

CRISTINA   ¡Sí! ¡Soy yo! ¡Cristina!

NORA   ¡Mira que no reconocerte!

CRISTINA   Hace nueve años que me fui.

NORA   ¿Tanto tiempo?

CRISTINA   Sí, nueve años. (*Asiente.*) ¡Qué alegría estar juntas otra vez, Nora!

(*Se abrazan.*)

NORA   ¿Ves? Ahora sí, tienes la misma cara de siempre, con tu sonrisa luminosa. Ha sido solo la primera impresión. De todos modos, te veo más delgada, Cristina.

CRISTINA   Y más vieja. Y más arrugas…

NORA   Anda, no exageres. Sigues estando guapísima. (*Repara en un olvido.*) ¡Ay, pero qué tonta estoy! ¿Cómo puedes perdonarme?

CRISTINA   ¿Perdonarte el qué?

NORA   Falleció tu marido, ¿verdad?

CRISTINA   Sí, hace tres años que se me fue.

NORA   Lo vi en las redes. Intenté llamarte, pero con el lío de la casa y de los niños se me fue olvidando ¡No sabes cuánto lo siento!

CRISTINA   No te preocupes. Entiendo perfectamente tu situación.

NORA   ¡Qué falta de sensibilidad la mía! ¡Pobre, Cristina! Lo habrás pasado tan mal. Pero cuéntame, por favor. Estoy deseando oírte.

CRISTINA   Acabo de llegar en avión esta mañana. Tenía que haber llegado ayer, pero con el temporal cerraron el aeropuerto y cancelaron mi vuelo.

NORA   Supongo que has venido para celebrar las Navidades. Bueno y ¿cómo te encuentras?

CRISTINA   Bien... Bueno, con algunas deudas.

NORA   ¿Deudas?

CRISTINA   Sí, muchas deudas.

NORA   ¿Tienes hijos?

CRISTINA   No.

NORA   Una preocupación menos. ¿Pero tu marido no se había hecho ningún seguro de vida? Claro no era tan mayor...

CRISTINA   Ninguno. Pensaría que era eterno el muy iluso.

NORA   Y mira que recuerdo que tú dejaste tu trabajo y te fuiste con él a Nueva York porque le ofrecieron aquel puesto en la multinacional.

CRISTINA   Él me dijo que un matrimonio a distancia no funcionaría, así que me fui con él. Pero bueno, me he recorrido los Estados Unidos de este a oeste, visitamos las cataratas del Niágara, viajamos a Alaska y nos paseamos por todo el Caribe. ¡Una pasada!

NORA   Claro, con tantos viajes no ahorraríais mucho.

CRISTINA   En Manhattan los alquileres son carísimos. Por no hablarte de los seguros médicos.

NORA   Al menos, te quedará un buen recuerdo.

CRISTINA   Aunque me habría gustado que me dejara una familia. Pero como ya tenía dos hijas de su primer matrimonio, él, erre que erre, que no volvía a ser padre... Así que estoy sola, pero bueno, ¿y tú?

NORA   Yo tengo tres hijos. Ahora están jugando con la cuidadora. Bueno Ana María, la que me cuidaba a mí. Pero sigue contándome, por favor.

CRISTINA   No, ahora sigue tú. Anda, cuéntame cómo te ha ido.

NORA   Durante años hemos vivido con muchas dificultades. Pero hace unos días nos dieron una noticia fabulosa. Y estamos felices.

CRISTINA   Ah, ¿sí?

NORA   ¡A Osvaldo lo han nombrado director territorial de su banco! ¡Un puestazo!

CRISTINA   ¿A tu marido?

NORA   Sí, sí, claro.

CRISTINA   ¿No era abogado y tenía un pequeño despacho?

NORA   Lo era, pero tuvo que cerrar el despacho. Encontró un puesto de cajero en el banco y poco a poco ha ido ascendiendo. Por fin podremos vivir con un poco de desahogo. Y hasta muy bien, me atrevería a decir.

CRISTINA   ¿Y tú no trabajas?

NORA   De dependienta en una tienda de deportes. Menos de media jornada.

CRISTINA   Pero... ¿Terminaste la carrera?

NORA   No... y sí.

CRISTINA   ¿Sí o no?

NORA   Vinieron los niños y no tenía forma de estudiar. Así que dejé la carrera. Pero este año, que ya han crecido un poco, he vuelto a mis estudios.

CRISTINA   ¿Qué dices?

NORA   ¡Que me he matriculado en la universidad a distancia! Terminaré la carrera, y tendré mi propia farmacia. ¡El sueño de mi vida!

CRISTINA   ¡Qué bien!

NORA   Estoy muy ilusionada. Y como ahora vamos a tener dinero, podré invertir sin preocuparme.

CRISTINA Bueno ten cuidado, que tú siempre has sido un poco gastosa.

NORA Otra igual, eso dice Osvaldo. Que soy muy gastosa, desde luego que cuando te ponen un San Benito. Pero no es cierto. Si supiera lo que tuve que esforzarme para cuidarlo cuando se puso tan enfermo, pensaría de otra manera.

CRISTINA ¿Tu marido estuvo enfermo?

NORA Sí, muy enfermo. Nuestro médico, el doctor Rank nos recomendó hacer el tratamiento en una clínica privada de Estados Unidos.

CRISTINA Ah, pero cómo no me avisaste, no sabía que estuviste allí.

NORA Ya, pero nos resultó tan difícil irnos. Acababa de nacer Emma y no teníamos ahorros. Pero menos mal que fuimos, eso le salvó la vida.

CRISTINA ¿Tan grave estuvo?

NORA (*Satisfecha y con orgullo.*) A punto de dejarnos. Por eso hice lo imposible hasta conseguir los cuarenta mil euros.

CRISTINA (*Curiosa.*) ¿Cuarenta mil euros?

NORA Menos mal que me los dio mi padre.

CRISTINA   Nora, no sabia que pasaste por eso, qué valiente.

NORA   Pasamos un año en Estados Unidos y por suerte Osvaldo está completamente recuperado, los niños están bien y nosotros, puedo decir que estamos bien, felices. Ahora cuéntame tú, ¿fuiste feliz?

CRISTINA   (*Niega con la cabeza.*) No mucho. (NORA *la interroga con la mirada.*) Me casé por ayudar a mi madre, que estaba invalida, y para darles estudios a mis dos hermanos pequeños y como mi padre había muerto, no encontré otra solución.

NORA   ¿Tu marido era rico?

CRISTINA   Eso parecía. Pero al final estaba entrampado. Cuando murió, se descubrió el pastel y me quedé con una mano delante y otra detrás.

NORA   ¿Y qué hiciste?

CRISTINA   ¡Y qué iba a hacer! ¡Ponerme a trabajar!

NORA   ¿De qué?

CRISTINA   Por las mañanas de recepcionista en un estudio de arquitectura y por las tardes de dependienta en una pastelería. Pero eso no era plan. Menos mal que ahora mi madre no me necesita y mis hermanos trabajan y se mantienen ellos solos.

NORA   Por lo menos no todo son desgracias.

CRISTINA   No te creas. Que me echaron a la vez del estudio y de la pastelería.

NORA   Ya es mala suerte.

CRISTINA   Estaba tan mal que empecé a beber. Me asusté.

NORA   Lo que habrás tenido que sufrir.

CRISTINA   Pero bueno, ahí fue cuando me di cuenta que necesitaba volver a casa, estar con mis amigas de siempre. Porque seguimos siendo amigas, ¿verdad?

NORA   Por supuesto, Cristina.

CRISTINA   (*Ya sin sutileza.*) Nora, te tengo que pedir una cosa, me da un poco de vergüenza. Estoy buscando trabajo…, y tal vez tu marido…

(*Se calla con gesto triste.*)

NORA   Cristina, ahora mismo voy hablar con mi marido para ver si te puede ayudar.

CRISTINA   Si pudiera…

NORA	Lo hará. Yo me ocuparé personalmente de que te consiga un empleo en el banco.
CRISTINA	¡Ay, Nora! Muchas gracias y yo me alegro mucho de que te vaya tan bien. ¿Qué se siente al tener tanta suerte?
NORA	¿Pero por qué dices eso?
CRISTINA	Bueno, porque parece que te ha ido bien. Con un marido que ahora es un gran jefe de un banco y con tres hijos. ¿Qué más le puedes pedir a la vida?
NORA	Que los demás me toméis un poco más en serio.
CRISTINA	¡Pero qué dices!
NORA	Que yo también he sufrido lo mío y he pasado dificultades.
CRISTINA	Pero las has superado. Tu marido ya se encuentra fuera de peligro.
NORA	Gracias al dinero que conseguí.
CRISTINA	¿Pero no te lo dio tu padre?
NORA	No. Eso es lo que cree todo el mundo. Lo busqué yo.

CRISTINA   (*Con mucha curiosidad.*) ¿Cómo?

NORA   (*Jugando, pero con necesidad de contar algo y presumir.*) Adivínalo.

CRISTINA   ¿Pediste un préstamo al banco?

NORA   (*Niega con la cabeza.*) Ningún banco me quería prestar nada.

CRISTINA   ¿No harías cosas feas?

NORA   ¿Qué? ¿Y por qué no? ¿No soy guapa?

CRISTINA   No juegues conmigo y cuéntamelo.

NORA   Te pica la curiosidad.

CRISTINA   (*Asiente con la cabeza.*) ¿No harías algo ilegal?

NORA   ¿Y si lo hubiera hecho?

CRISTINA   Capaz eres de haber hecho alguna locura.

NORA   Mira. El doctor Rank, Peter, me explicó lo grave que estaba mi marido, pero a él no le contamos nada. Por eso tuve que buscar una solución.

CRISTINA   ¿Y por qué no le contaste la verdad a tu marido?

NORA   No lo hubiera soportado.

CRISTINA   ¿Y tu padre nunca le contó que él no te había dado el dinero?

NORA   No, no le dio tiempo, murió en esa época.

CRISTINA   ¿Y tú nunca se lo has contado?

NORA   Si se lo hubiera confesado, se hubiera roto nuestra felicidad.

CRISTINA   ¡Qué fuerte! ¿Y no se lo piensas decir?

NORA   Por ahora no.

CRISTINA   ¿Y a mí? ¿Me lo vas a contar a mí o no?

NORA   No sabes lo difícil que ha sido ir ahorrando para ir pagando mi deuda. Durante años he trabajado de costurera, sin saber, para una tienda de pantalones de caballero. Cosiendo hasta la madrugada casi todos los días. Ya ves que vida he llevado. Pero por suerte, todo eso terminó y puedo decir que me siento muy tranquila, que estoy feliz.

CRISTINA   Sí, pero aún no me has dicho cómo conseguiste los cuarenta mil euros.

(*Suena el timbre.*)

Escena 3

Entra ÓSCAR. NORA *y* CRISTINA *están en escena.*
A continuación de la escena anterior.

ÓSCAR   Buenas tardes, quiero hablar con su marido.

NORA   ¿Que hace aquí?

ÓSCAR   De nada importante. ¿Me permite? (NORA *le*
impide el paso.) Ya sabe que tengo un pequeño puesto en el banco y me he enterado de
que acaban de nombrarlo director territorial.
(NORA *se queda delante impidiéndole el paso.*)
No se alarme, son cosas del trabajo, nada más.

NORA   ¿Seguro?

ÓSCAR   ¿Me permite?

NORA   Vaya por el pasillo, la segunda puerta a la de-
recha, y lo encontrará en su despacho…

ÓSCAR   (*Se dirige a* CRISTINA.) Buenas tardes.

        (ÓSCAR *sale de escena.*)

CRISTINA   ¿Y ese hombre?

NORA   Óscar, un empleado del banco.

CRISTINA   Claro, Óscar.

NORA   ¿Lo conoces?

CRISTINA   No. Bueno, digo sí. Un poco. Casi nada. ¿En el banco? ¿No era un procurador de los juzgados?

NORA   Sí, eso era antes.

CRISTINA   Porque su mujer murió, ¿verdad? ¿Ha rehecho su vida?

NORA   No. Y se quedó solo, con tres hijos a su cargo.

            (*Entra el doctor* PETER RANK. NORA *alegra el gesto al verlo.*)

RANK   ¿Molesto?

NORA   En absoluto. Tú nunca molestas. (*Los presenta.*) El doctor Pedro Rank, Cristina Linde.

RANK   Encantado.

CRISTINA   Mucho gusto, doctor Rank.

RANK   Llámame Peter, por favor.

CRISTINA   Pues hola Peter.

RANK   Creo que te recuerdo, Cristina. Tú eres la ami-
                ga de Nora que se fue a vivir fuera, ¿verdad?

NORA   Qué buena memoria tienes Peter.

CRISTINA   Sí, me fui a Nueva York. Pero mi marido mu-
                rió hace tres años y me he vuelto para acá.

RANK   Te acompaño en el sentimiento.

CRISTINA   Muchas gracias; sí, bueno, he vuelto para es-
                tar de nuevo en casa, pasar tiempo con mi ami-
                ga de siempre, y bueno, buscando trabajo.

RANK   (*En broma*.) Un mal vicio este de trabajar.

CRISTINA   Una tiene que vivir.

RANK   Eso dicen todos mis pacientes.

NORA   ¡Venga Peter! Que no hay que perder las ga-
                nas de vivir.

RANK   ¡Claro que sí! Yo me muero de ganas de vivir.
                Qué calor hace en esta casa. Una cosa Nora,
                he visto a un hombre entrar hace poco.

NORA   Sí, Óscar, ¿lo conoces?

RANK   Sí, no me gusta mucho ese hombre.

NORA   ¿Y sabes a qué ha venido a hablar con mi
                marido?

RANK   Supongo que hablarán del banco.

NORA   Ahora todos los que trabajan en el banco son subordinados de Osvaldo, ¿no?

RANK   Sí. ¿Por qué? ¿Qué te preocupa?

NORA   (*Negando con la cabeza.*) Tan solo me hace gracia que Osvaldo se haya convertido en jefe de sus compañeros. (*Le ofrece una chuchería de una bolsa.*) ¿Quieres una gomita? Están riquísimas. (*Ella se toma una y ofrece a* CRISTINA, *quien también la coge.*) Se la compro a los niños, pero me las como yo.

Escena 4

Entra Osvaldo HELMER. *Lleva el abrigo sobre el brazo.*

NORA   ¿Por fin te has podido quitar a ese pesado de encima?

HELMER   Sí, lo he mandado por la puerta de servicio. (*A* CRISTINA.) Soy Osvaldo Helmer.

         (*Tiende la mano a* CRISTINA *para saludarla.*)

NORA   Ay, perdona. Es mi amiga Cristina Linde.

CRISTINA Hola, Osvaldo.

HELMER   Hola, Cristina. ¿Vives por aquí? No te conocía.

CRISTINA Me fui hace años a vivir a Nueva York.

NORA   Justo acaba de volver y necesitábamos las dos hablar contigo.

HELMER   Muy bien, aquí me tenéis.

NORA   Cristina necesita encontrar trabajo y se quiere quedar a vivir aquí.

CRISTINA   Echaba de menos mis raíces.

HELMER   Pero ¿donde has estado trabajando…?

NORA   ¡Estoy tan contenta con tu vuelta a casa! ¡Te he echado tanto de menos! (*A* HELMER.) Osvaldo, no sabes la alegría que me ha dado volver a encontrarme con Cristina después de tantos años.

RANK   Qué bonito cuando dos amigas del alma se reencuentran.

NORA   (*A* HELMER.) ¿Podrías ayudarla? Dime que sí, mi amor.

HELMER   (*A* CRISTINA.) ¿Tienes experiencia en trabajo de oficina?

CRISTINA   Sí.

RANK   ¿En qué tipo de trabajo?

CRISTINA   Los últimos tres años he trabajado de recepcionista en un estudio de arquitectura.

HELMER   Pues se me está ocurriendo algo.

NORA   (*Muy contenta.*) Te amo.

HELMER   (*Dándole vueltas a una idea.*) Quizás hay una persona que ya no está y puedas reemplazarla…

CRISTINA   ¿De verdad?

(*Osvaldo saca el móvil y escribe un wasap en silencio.*)

NORA   Osvaldo siempre cumple su palabra.

CRISTINA   ¡Qué emoción! ¿Cómo te lo puedo agradecer?

HELMER   No tienes que agradecerme nada, las amigas de mi mujer, son mis amigas. Creo que podrás contar con un puesto en el banco. Déjame que lo estudie. (*Se pone el abrigo.*) Y ahora tendréis que disculparme. ¿Me acompañas, Peter?

NORA   No tardes mucho, cariño.

(CRISTINA *también se pone el abrigo.*)

HELMER   Una hora como mucho.

NORA   ¿Tú también te vas, Cristina?

CRISTINA   Sí, tengo que ir al hotel. He dejado mi equipaje en recepción.

HELMER   Muy bien. ¿Salimos juntos?

NORA   (*A* CRISTINA.) ¡Qué lástima que esta casa sea tan pequeña y que no puedas quedarte con nosotros!

CRISTINA   ¡Pero qué dices! ¡Cómo voy a quedarme en tu casa! Anda, que ya tendréis vosotros líos con tantos de familia.

NORA   Cristina, ¿que plan tienes para esta noche? Vente a casa a cenar.

CRISTINA   Pero… No quisiera molestar.

NORA   No es ninguna molestia, te esperamos a las ocho para cenar.

CRISTINA   (*Contenta.*) ¡Gracias, gracias, Nora! Hasta luego.

    (*Inicia el mutis y sale.*)

NORA   Y tú, Peter, ya sabes que te esperamos.

RANK   Por nada del mundo pensaba perderme la cena de nochebuena en vuestra casa. Muchas gracias, Nora.

    (*Salen* RANK *y* HELMER.)

Escena 5

Nora, *en el proscenio, sola, se dirige al público.*

NORA   Le tenemos que decir que ponga una plato
            más en la mesa para esta noche. Donde está
            esta mujer, que al final Osvaldo va a tener ra-
            zón. Además mañana tiene el día libre. Con
            las Navidades, los niños, demasiado trabajo.

            (Nora *se detiene al ver entrar a* Óscar.)

ÓSCAR   Usted perdone, Nora.

NORA   (*Incómoda, desaparece su sonrisa.*) ¿Cómo ha
            entrado?

ÓSCAR   La puerta estaba abierta. Y por el pasillo no
            había nadie. Perdone si la he asustado.

NORA   Mi marido no está en casa.

ÓSCAR   Lo he visto salir.

NORA   Entonces, ¿qué es lo que quieres?

ÓSCAR   Hablar un momento con usted.

NORA   Pero aún no estamos a primeros de mes.

ÓSCAR   Claro. Hoy es Nochebuena. Y usted me puede ayudar a que sea una Nochebuena feliz.

NORA   Me va a perdonar, pero yo no tengo nada para darle.

ÓSCAR   No vamos a hablar de eso. Se trata de otro asunto. ¿Me permite que le cuente?

NORA   Adelante.

ÓSCAR   Me parece que la mujer que estaba antes en el salón con usted era Cristina Linde.

NORA   Sí, era ella.

ÓSCAR   ¿Ha regresado a la ciudad?

NORA   Ha llegado hoy.

ÓSCAR   ¿Y es una buena amiga suya?

NORA   ¿Y eso que tiene que ver con nuestros asuntos?

ÓSCAR   Yo también la conozco. ¿Es verdad que Cristina va a empezar a trabajar en el banco?

NORA   Yo no puedo hablar con un subordinado de mi marido de cosas del banco.

ÓSCAR   ¿Es cierto o no?

NORA   Es cierto. Y yo he sido quien ha influido en
        mi marido para que la contratara. Pero no sé
        cómo se ha podido enterar usted, si lo acaba-
        mos de hablar ahora mismo.

ÓSCAR   No se asuste, es porque su marido me ha en-
        viado un mensaje hace un instante comuni-
        cándome que sería relevado por una señorita.
        Así que me ha sido fácil deducir. Pero usted
        acaba de decir que influye en su marido.

NORA   Eso he dicho.

ÓSCAR   Muy bien. ¿Sería tan amable de ayudarme a
        conservar mi empleo en el banco?

NORA   No puedo.

ÓSCAR   Lo que estoy tratando de decirle es que aún
        está a tiempo de impedir mi despido.

NORA   Yo no puedo cambiar las decisiones internas
        del banco.

ÓSCAR   De su marido.

NORA   Sí, de mi marido. Yo no puedo obligarlo a cam-
        biar una decision que ya ha tomado.

ÓSCAR   ¿No me acaba de decir que usted le influía?
        Puede estar segura de que él hará cualquier
        cosa por agradarla a usted

NORA   Si usted va a venir a mi casa a decir lo que mi marido y yo tenemos que hacer, váyase de mi casa.

ÓSCAR   No se ponga nerviosa.

NORA   Muy pronto usted y yo no tendremos ningún tipo de relación.

ÓSCAR   No me obligue a usar otros métodos para mantener mi empleo.

NORA   Déjeme.

ÓSCAR   Muy bien, empecemos de nuevo. ¿Recuerda que hace unos años cometí una imprudencia?

NORA   Lo recuerdo perfectamente.

ÓSCAR   El asunto no llegó a los tribunales. Pero me vi obligado a meterme en algunos negocios que usted no ignora. A algo tenía que agarrarme para dar de comer a mis hijos. Pero hoy quiero salir de todo eso. Mis hijos se están haciendo mayores y no quiero que se avergüencen de mí. Si su marido me despide, vuelvo a caer en el fango. ¿Me comprende ahora?

NORA   Claro que le comprendo, Óscar. Pero yo no puedo hacer nada por usted.

ÓSCAR   Claro que puede. ¿No querrá que...?

NORA   ¿No estará pensando en contárselo a mi marido?

ÓSCAR   ¿Y si lo hiciera?

NORA   ¿No será capaz?

ÓSCAR   (*Seguro de sí mismo y con frialdad.*) No me obligue a demostrarlo.

NORA   ¿Qué quiere? ¿Arruinar mi vida y la de mi familia?

ÓSCAR   Quiero mantener mi empleo en el banco.

NORA   Yo no puedo hacer nada.

ÓSCAR   O no tiene memoria o me toma usted por idiota. Cuando se puso enfermo su marido, montó usted una inmobiliaria fantasma.

NORA   No es como usted dice.

ÓSCAR   ¿No es cierto entonces que me vendió una casa sobre plano? Y yo le ingresé en su cuenta corriente una entrada de cuarenta mil euros como figuraba en el contrato. ¿Es o no es así?

NORA   Lo es, pero…

ÓSCAR   ¡No he terminado! (*Silencio tenso.*) Jamás construyeron la vivienda. Es que ni tan siquiera era usted propietaria del terreno.

NORA   ¿Y?

ÓSCAR   Que una vez descubierta la estafa, usted me suplicó que no la llevara a los tribunales, porque su marido estaba enfermo y necesitaba trasladarle a una clínica en los Estados Unidos. Y yo me apiadé de usted.

NORA   Sí, pero todos los meses le estoy devolviendo la cantidad que pactamos.

ÓSCAR   Porque descubrí la estafa. No por su propia voluntad. Conservo aún el documento de venta de la casa con su firma. ¿Sabe lo que eso significa?

NORA   Yo estoy cumpliendo mi parte.

ÓSCAR   Veo que no quiere ver la realidad. Supongamos que yo hago público el documento... ¿Se imagina lo que podría suceder?

NORA   ¿Sería capaz?

ÓSCAR   Digamos que se trata de un intercambio de favores. Usted consigue que no me despidan del banco y yo le devuelvo el documento de venta, con su firma.

NORA   Es usted un ser despreciable.

ÓSCAR   Eso es lo que va a pensar de usted su marido cuando se entere de lo que hizo.

NORA   Pero mi marido estaba a punto de perder la vida y yo estaba desesperada…

ÓSCAR   Y no dudó en estafarme. ¿Fue o no fue así?

NORA   Sí, ya le he dicho que sí. No me obligue a repetírselo.

ÓSCAR   ¿Se da cuenta de la gravedad de esta confesión? No necesita repetirlo. (*Le muestra el móvil.*) ¡Está todo grabado!

NORA   ¡Deme su móvil inmediatamente!

(*Forcejean.*)

ÓSCAR   ¡Quieta, señora! Una estafa inmobiliaria es un delito grave penado con la cárcel.

NORA   Hice lo que hubiera hecho cualquier mujer por su marido enfermo.

ÓSCAR   O cualquier padre desesperado que quiere lo mejor para sus hijos.

NORA   Me da usted asco.

ÓSCAR   Si yo hablo, le espera una condena segura, la decepción de su marido, el descrédito social y posiblemente el despido de Helmer del banco.

NORA   ¡Hijo de puta!

ÓSCAR   Todo lo que quiera, pero puedo arruinarle la vida.

(ÓSCAR *sale.*)

Escena 6

NORA *está poniendo los adornos de Navidad.*
Triste.

NORA   Tengo que terminar la carrera y abrir mi farmacia. Si Osvaldo pierde su trabajo en el banco, voy a sacar a mi familia adelante. Puedo con todo.

(Entra Osvaldo.)

HELMER   ¿Con quién hablas?

NORA   Hablaba sola.

HELMER   ¿No ha venido nadie?

NORA   ¿Aquí? No.

HELMER   Me ha parecido ver a Óscar salir del portal.

NORA   Ah, sí, es verdad. Ha estado un momento.

HELMER   ¿A qué ha venido?

NORA   A verte. Pero como no estabas, se ha ido enseguida.

HELMER   No me engañes. Te lo noto en la cara. ¿A que ha venido, a pedirte que lo ayudes?

NORA   Sí.

HELMER   (*Enfadado.*) ¿Cómo has sido capaz de escucharlo y comprometerte a ayudarlo? Y, además, querías mentirme.

NORA   ¿Mentirte?

HELMER   Sí, mentirme. Y tú sabes que yo te perdono todo menos que me mientas.

NORA   No te he mentido.

HELMER   ¿No es una mentira decirme que no ha venido nadie?

(NORA *se encoge de hombros y baja la mirada.*)

NORA   Perdóname, Osvaldo. Lo siento mucho cariño, no te quería mentir y no quería preocuparte más. Perdóname por favor, no te volveré a mentir.

HELMER   Eso espero. No vuelvas a hacerlo.

NORA   Mi amor, estás tan guapo. ¿Tú recuerdas que tenemos una fiesta de disfraces verdad? En casa de los vecinos y vamos a ir. Dime que sí.

HELMER   Sí, vamos a ir.

NORA   Cariño, tenemos un gran problema, porque no sé qué me voy a poner. No sé por qué me dejaste llevar ese traje la última vez. Igual voy a tener que comprar uno... Este no me favorece nada, este no tiene solución y este...

HELMER   Eres igualita que tu hija.

NORA   Y este, tal vez se puede arreglar, a lo mejor no tenemos que comprar otro. Oye y tan, ¿tan grave es lo que ha hecho Óscar como para despedirlo?

HELMER   Robó dinero del banco y falsificó firmas.

NORA   Imagínate lo desesperado que tuvo que estar para hacer algo así

HELMER   Estoy convencido de que sería por eso. Yo no podría condenarlo por un solo acto de este tipo. Pero tiene que reconocer lo que ha hecho y asumir las consecuencias.

NORA   ¿Asumir sus consecuencias?

HELMER   Pero al contrario, él no hace más que negarlo, y mentir para que no lo descubramos.

NORA   Pero si tú lo perdonaras...

HELMER   ¿A un hombre que miente, falsifica firmas y lleva a cabo una estafa económica? Nora, es imposible. Primero debería hablar con el banco. Y espérate que al final no le pongan una denuncia.

NORA   ¿De verdad que no podrías hablar con él y decirle que no lo despides, porque no quieres hundirle la vida? Seguro que te estaría eternamente agradecido y no te fallaría. Sería tu empleado más fiel.

HELMER   ¡Qué poco sabes de la vida, cielo!

NORA   ¿De verdad lo crees?

HELMER   Es que eres más inocente que nuestra hija. Primero protegida por tu padre. Y después, por mí.

NORA   Por favor, no lo despidas, hazlo por sus hijos.

HELMER   Por sus hijos lo hago, tienen que saber la verdad, eso es crecer, conocer la verdad y afrontar la vida. Y después que se encargue Óscar del tema con los hijos.

NORA   ¡Qué duro eres!

HELMER   Soy justo, no duro. Por eso me vas a prometer que no vas a hablar con él nunca más. Y no me vuelvas a mentir que te pones muy fea. Ponte guapa que es Nochebuena. Me voy a encerrar un rato en mi despacho.

Escena 7

Al día siguiente. NORA, *sola en escena, está revisando un ordenador portátil.*

NORA   ¿Y si le deja un sobre por debajo de la puerta hoy o mañana con una copia del contrato? ¿Y si le envía al teléfono nuestra conversación grabada? Entonces yo tendría que desaparecer de casa... no, me quitaría de en medio. O mejor, ¿y si me quitara la vida? (*Se oyen pasos.*) ¡Calla, Nora!

(*Entra* CRISTINA *Linde.*)

CRISTINA   ¿Me estabas buscando?

NORA   Sí, pasa.

(NORA *abraza a* CRISTINA.)

CRISTINA   ¿Qué querías?

NORA   Pasa, pasa. Esta noche tenemos un baile de disfraces en el piso de arriba, son italianos. Tengo dos problemas, no sé con quién dejar a los niños y que he pensado ir vestida de napolitana y vamos a bailar una tarantela con Osvaldo. (*Le muestra el disfraz.*) Pero no te parece que es un poco soso.

CRISTINA Bueno, por los niños no te preocupes porque me quedo yo. Y el vestido, un poco soso es, pero bueno si lo entallamos un poco, le subimos un poco de aquí, y te ajustamos el escote, los tíos te van a querer empotrar como un mueble del Ikea. (NORA *la mira sorprendida por la expresión.*) Perdona, ¿cómo lo digo?... (*Tono de mofa.*) «Los tíos van a flipar contigo».

NORA No digas bobadas. Solo que no quiero que lo escuchen los niños. Pero sí, que flipen conmigo. De verdad, muchas gracias por ayudarme.

CRISTINA No, gracias a ti porque anoche no te di las gracias por la cena. ¡Me divertí un montón! ¡La Nochebuena más divertida que he pasado en mi vida!

NORA Pues la de ayer no fue tan divertida como la de otros años.

CRISTINA ¿Ah, no?

NORA Tenías que haber regresado antes. Osvaldo es único preparando fiestas. ¡Es tan divertido! Además, es un hombre tan bueno...

CRISTINA Sí que lo es, pero tú también estuviste muy divertida. ¡Qué buena persona eres!

NORA   Exageras.

CRISTINA   Te debo una.

NORA   No me debes nada. Las amigas estamos para eso.

CRISTINA   Oye, dime, ¿Peter, siempre es así?

NORA   El pobre tiene cáncer.

CRISTINA   ¡No me digas!

NORA   Pero bueno cambiemos de tema, que se me pone muy mal cuerpo.

CRISTINA   ¡Pobre hombre! Oye, ¿y viene a tu casa todos los días?

NORA   Todos los días. Es el mejor amigo de Osvaldo. Y también el mío.

CRISTINA   Ah, que raro.

NORA   ¿Por qué me lo preguntas?

CRISTINA   Porque anoche me comentó que le habían hablado mucho de mí. Y como tu marido no sabía quién era yo…

NORA   Lógico. Mi marido solo tiene ojos para mí.

CRISTINA   Mira, qué posesivo.

NORA   No, más bien celoso. Celoso de mis amigos, de mi familia. Eso siempre lo termino hablando con Peter. Al final es con él con quien hablo de la gente querida. Vaya, de ti le he hablado muchísimo.

CRISTINA   Qué raro.

NORA   ¿El qué?

CRISTINA   Un poco todo. Lo tuyo con Peter, es muy raro. ¿Peter tiene dinero?.

NORA   ¿Peter? (NORA *asiente con la cabeza.*) No anda nada mal.

CRISTINA   ¿Y tiene mujer, esta casado o tiene familia?

NORA   No, familia no tiene.

CRISTINA   ¿Y viene a verte todos los días?

NORA   Sí, ya te lo he dicho.

CRISTINA   Entonces está claro. Blanco y en botella.

NORA   ¿El qué está claro?

CRISTINA   Vamos, Nora, no disimules. Está más claro que el agua que fue él quien te prestó los cuarenta mil euros.

            (*Se ríe y hace gestos de que están liados.*)

NORA   ¿No estarás pensado que Peter y yo estamos…?

CRISTINA   Sí, enrollados.

NORA   No. Y, además, él nunca tuvo dinero, lo ha heredado ahora de sus padres. Pero somos amigos. Si le pidiera ahora lo que falta por devolver, me lo prestaría.

CRISTINA   ¿Lo harías?

NORA   No, pero él me lo daría.

CRISTINA   ¿Sin hablarlo con tu marido?

NORA   Tengo que salir de esta situación sea como sea.

CRISTINA   Sí, pero sin liarla más. Habla con tu marido y lo resolvéis juntos.

NORA   Tú sabes si, cuando se terminan de pagar las deudas, ¿te devuelven el documento firmado?

CRISTINA   No lo sé, yo no sé de leyes.

NORA   Porque el documento sería para quemarlo, romperlo, destruirlo.

CRISTINA   ¿Qué me estás ocultando?

(*Se oye el ruido de una puerta.*)

HELMER   ¡Nora!

NORA   ¡Chiss! Acaba de llegar Osvaldo. Déjame sola
         con él.

         (CRISTINA *inicia el mutis.*)

Escena 8

OSVALDO y NORA *en escera en el dormitorio de los niños.*

HELMER   Nora, mira como está esto, los niños durmiendo en el salón. ¿Donde está Ana María?

NORA   Hoy Ana María tiene el día libre.

HELMER   ¿Dónde estabas? Aquí libra todo el mundo menos yo.

NORA   No, con Cristina, que está ayudándome a arreglar el disfraz.

HELMER   ¿Arreglar el disfraz?, ¿no lo vas a comprar?

NORA   Tenías razón, lo voy a arreglar para poder ahorrar.

HELMER   ¿Ahorrar? Miedo me das. Me voy antes de que me pidas algo.

NORA   Osvaldo, quiero pedirte algo.

HELMER   ¿Qué cosa?

NORA   ¿Lo harás?

HELMER   Dime antes de qué se trata.

NORA   No, amor, dime, ¿lo harás o no?

HELMER   ¿Nora, estás hablando otra vez de Óscar? (NORA *asiente con la cabeza.*) ¿Por qué insistes, si te dije que la decisión ya la había tomado?

NORA   No hagas que pierda el trabajo.

HELMER   Imposible. Ya he dado órdenes para que entre Cristina Linde en su lugar.

NORA   Pues despide a otro empleado y colocas en su puesto a Cristina. Tú eres el que mandas ahora y lo puedes hacer.

HELMER   ¿Quieres ser tú, ahora, la jefa? Porque seguro que es igual de fácil que trabajar de dependienta. ¡No seas cabezota!

NORA   Me da miedo que te haga daño.

HELMER   ¿Daño?, ¿a mí?

NORA   Basta con que suba alguna mentira a las redes sociales, un periodista lo publica y tú pierdes el trabajo.

HELMER   Me estás comparando con lo que le pasó a tu padre.

NORA   (*Asiente*.) ¿Recuerdas lo que escribieron en los periódicos y lo que dijeron en la radio y televisión? Si tú no llegas a defenderlo en ese juicio, lo habrían llevado a la cárcel.

HELMER   ¿Sabes la diferencia? Yo soy una persona honrada y tu padre no lo era. A mí no me pueden atacar.

NORA   Pero, cariño, tú no te puedes imaginar lo que se puede inventar la gente envidiosa. La gente se cree todo lo que lee en las redes sociales, aunque luego un juez diga que no es cierto... De eso nadie se entera. Te lo pido por favor que lo hagas por mí y por nuestros hijos, para que podamos vivir en paz.

HELMER   Basta ya con este tema, en el banco ya saben que lo voy a despedir. No puedo cambiar de opinión porque me lo pida mi mujer

NORA   Osvaldo.

HELMER   He dicho que no y es que no. Voy a firmar la carta de despido. Ayer le envié un mensaje avisándole, pero voy a hacer las cosas bien. Pensaba hacerlo mañana pero lo voy a hacer hoy.

NORA   Osvaldo, no lo hagas.

HELMER   Ya he dicho que no, Nora, ya te he escuchado lo suficiente. ¿Qué nos va hacer? Sigue con Cristina ocupándote del vestido, que yo me ocupo del banco.

Escena 9

Nora y Peter Rank *en el salón familiar. Más tarde.*

RANK   Nora.

NORA   Hola, Peter.

RANK   ¿Donde podemos hablar a solas?

NORA   Pues no sé, en el salón están los niños, Ana María tiene el día libre...

(Peter la lleva al cuarto de baño.)

RANK   ¿Te parece aquí?

NORA   *(Amable.)* ¿Y no te importa que sea la mujer de tu mejor amigo?

RANK   *(Serio.)* Ojalá, pero ahora no estoy en condiciones.

NORA   *(Preocupada.)* ¿Y eso? ¿Te pasa algo?

RANK   Me quedan dos telediarios.

NORA   No me asustes.

RANK   Según el oncólogo, me quedan entre dos y tres meses como mucho.

NORA   ¡Por dios, Peter! Seguro que habrá alguna medicación que te pueda ayudar. (RANK *niega con la cabeza*.) Algo que te alargue la vida mientras la ciencia descubre un tratamiento que cure esta clase de tumores.

RANK   No, prométeme que no vamos a hacer un drama. Cuando empiece a ponerse la cosa fea, os enviaré un mensaje. Me ingresaré en el hospital. Me administrarán morfina, hasta que todo termine. No quiero que me veas en ese estado.

NORA   ¡Calla! Tenemos que contárselo a Osvaldo.

(*Hace intención de salir.*)

RANK   ¡Espera! ¡No lo molestes! (*La interroga con la mirada.*) Osvaldo no está preparado.

NORA   Tú no sabes lo importante que eres para mí. Tú me alegras la vida.

RANK   Bueno, ya tienes a Osvaldo para alegrarte.

NORA   Sabes que no es lo mismo, porque tú me escuchas, y aunque no digas nada, sabes lo que necesito. Yo te necesitaba hoy alegre. Hoy nos vamos a emborrachar, hoy es Navidad y tenemos un día maravilloso por delante. Hoy nos vamos a emborrachar, tú, Cristina, Osvaldo y yo.

RANK

¿También hoy? (NORA *asiente.*) ¿Ya tiene una habitación?

NORA

(*Pudorosa pero llena de atracción por el doctor* RANK.) ¿No estarás celoso de Cristina?

RANK

Claro que lo estoy.

NORA

¡Chissst! Más bajo, que está en el otro cuarto, que no te oiga. Solo ha venido a arreglar mi vestido para la fiesta de disfraces de esta noche. Tú también estás invitado y te vas a disfrazar. (*Insinuándose con mucha precaución y con un doble sentido en sus palabras.*) Esta noche me voy a vestir de napolitana. (*Ligeramente sensual.*) Te voy a enseñar algo.

(NORA *le muestra una bolsita.*)

RANK

¿Qué es?

NORA

(*Más sensual aún.*) Mira estas medias... son de seda.

RANK

Son un tanto sexys, ¿no?

NORA

Las he comprado. Qué suave son, mira lo que es esto. Pero toca, no mires tanto. (RANK *le acaricia las piernas al tiempo que se agita su respiración.* Nora *reprime su deseo, pero al mismo tiempo se muestra atraída por él.*) No seas malo, Peter. (Nora *las recoge y las guarda.*) Si no estuvieras enfermo, igual me dejaría llevar.

RANK   (*Inseguro.*) ¿Me lo estás diciendo en broma, verdad?

NORA   Lo que se dice en broma es porque se piensa.

RANK   (*Se lanza.*) Entonces te digo en broma que me encantaría verte con las medias puestas.

NORA   (*Coqueta y asustada por el juego que está llevando.*) No, Peter.

RANK   Que era una broma.

NORA   (*Con mucho cariño.*) Mentiroso, lo estás deseando. (*Peter asiente con la cabeza.*) Ya me las verás puestas esta noche.

RANK   (*Tras un breve silencio.*) No sabes lo importante que eres para mí.

(*Con amargura.*)

NORA   Peter, tu y yo somos amigos, ¿te puedo pedir algo?

RANK   ¿De qué se trata?

NORA   Me resulta muy difícil decírtelo. ¿Me comprendes? (RANK *niega con la cabeza.*) Se trata...

RANK   Confía en mí.

NORA   Sabes que Osvaldo, daría la vida por mí...

RANK   (*Enamorado. Seguro.*) Que yo también daría mi vida por ti. Yo te quiero Nora...

NORA   (*Aparenta un enfado que no tiene.*) ¿Qué haces Peter? Esto está mal.

RANK   (*Preocupado.*) ¿Por qué está mal sentir lo que siento?

NORA   No está mal sentirlo. Lo que está mal es habérmelo contado.

RANK   Lo siento muchísimo Nora. Pensaba que estabas conmigo más a gusto que con Osvaldo. Y me he confundido. Lo siento.

NORA   Hay personas con las que decidimos compartir la vida, y hay otras con las que nos gustaría.

            (*Entra* CRISTINA *Linde.*)

CRISTINA   Buenos días, doctor Rank.

RANK   Buenos días, Cristina. Ya me voy. Tenía que coger los ibuprofenos. Voy con Osvaldo.

CRISTINA   ¿Puedes venir un momento? (RANK *sale en silencio.*) Óscar está en la puerta y quiere hablar contigo.

NORA   Pues yo no lo quiero ver.

CRISTINA   Nora, sal; parece importante.

Escena 10

A continuación. Entra ÓSCAR.

NORA   Rápido por favor. ¿Qué quiere?

ÓSCAR   Su marido me acaba de despedir.

NORA   No pude evitarlo.

ÓSCAR   ¿Su marido sabe a lo que puedo exponerla si no la ayuda? (NORA *niega con la cabeza.*) ¿Conoce usted las consecuencias legales de su estafa? ¿Se ha molestado en preguntarlo? ¿Sabe a lo que se arriesga?

NORA   ¿Qué quiere de mí?

ÓSCAR   Nada. Solo ver cómo se encontraba el día de Navidad. A pesar de ser un hombre despreciable, tengo buen corazón.

NORA   Déjese de tonterías y piense más en mis hijos.

ÓSCAR   ¿Acaso su marido piensa en los míos? Pero ya no importa. Simplemente quería decirle que por ahora no voy a presentar una denuncia contra usted.

NORA   ¿Por ahora?

ÓSCAR   Todo puede arreglarse amistosamente y quedar entre nosotros.

NORA   Sin que se entere mi marido, ¿verdad?

ÓSCAR   ¿Cómo lo va a impedir? ¿Puede acaso pagar la deuda que le falta?

NORA   Ahora mismo, no. Pero encontraré la forma de hacerlo.

ÓSCAR   No se moleste en buscarlo. Por nada del mundo le devolveré el documento de venta de la casa.

NORA   ¿Qué quiere entonces?

ÓSCAR   Conservarlo para protegerme. Pero no se preocupe, a nadie le llegará el más mínimo rumor. Así que si ha tomado alguna decisión desesperada…

NORA   No, no la he tomado, pero sí la he pensado.

ÓSCAR   Piensa abandonar su casa.

NORA   Lo he pensado.

ÓSCAR   O algo peor todavía…

NORA   Tal vez.

ÓSCAR   Abandone esas ideas.

NORA   ¿Cómo sabe que las tengo?

ÓSCAR   Porque yo también las tuve al principio. Pero le confieso que me faltó valor. ¿Usted lo tiene? (NORA *baja la cabeza.*) Ya veo que tampoco tiene valor. Aquí en el móvil tengo el mensaje que le voy a enviar a su marido si usted no resuelve antes mi situación. Le adjuntaré el documento y nuestra conversación grabada.

(*Le muestra el móvil sin dárselo.*)

NORA   ¿Cuanto dinero quieres?

ÓSCAR   No quiero dinero.

NORA   ¿Entonces?

ÓSCAR   Solo quiero recuperar el honor perdido y que mis hijos puedan mirarme a la cara sin avergonzarse de mí. ¿Tan mal le parece?

NORA   Convenceré a mi marido.

ÓSCAR   Llega tarde. Lo que quiero ahora es prosperar, volver al banco pero con un cargo más importante.

NORA   Explíquese mejor.

ÓSCAR   Que su marido cree un cargo para mí.

NORA   ¡Eso no posible!

ÓSCAR   Nada es imposible. Y cuando ya lo haya con-
          seguido, antes de un año seré su mano dere-
          cha. Quien dirigirá el banco en la sombra seré
          yo. O les llevo a usted, a su marido y a toda
          su familia a la ruina. Buenas noches Nora.

Escena 11

Entra CRISTINA *Linde con el vestido de* NORA, *que está sola en escena frente al ordenador.*

CRISTINA   ¿Qué te ha dicho Óscar? Tienes mala cara.

NORA   Tiene en su móvil un documento y se lo quiere enviar a Osvaldo.

CRISTINA   ¿De qué me hablas?

NORA   Que le cuenta lo del préstamo.

CRISTINA   (*Comprendiendo.*) Fue Óscar quien te prestó el dinero.

NORA   No exactamente.

CRISTINA   ¿Qué me quieres decir?

NORA   (*Armándose de valor.*) Que le estafé cuarenta mil euros.

CRISTINA   (*Muy sorprendida.*) ¿Cómo? ¿Cuarenta mil?

NORA   Osvaldo se va a enterar de todo.

CRISTINA   ¡Que se entere! Tienes que hablar con tu marido. Un matrimonio tiene que hablar.

NORA   ¿Cómo voy a contarle que le vendí a Óscar un terreno que no tenía y un proyecto de un chalé que nunca se construyó y que me pagó cuarenta mil euros como entrada?

CRISTINA   ¡Eso es un delito! ¿Cómo te puedo ayudar?

NORA   Si hiciera una locura… quiero que se sepa que Osvaldo no tuvo nada que ver. No permitas que acusen a Osvaldo de nada, porque él nada sabe. No fue cómplice. El pensaba que me había dado el dinero mi padre.

CRISTINA   No te preocupes. Si tú me necesitas yo voy a ser tu testigo. Déjame que me entere bien. Me has dicho que Óscar tiene en el móvil un documento de venta del chalé firmado por ti, pero que todavía no se lo ha enviado. ¿Es así?

NORA   Así es. ¡Y también tiene una conversación grabada donde reconozco la estafa!

CRISTINA   ¡Tu madre!

NORA   No me di cuenta de que me estaba grabando.

CRISTINA   ¿Te das cuenta de que te puede llevar a la cárcel? ¿Y por qué no te ha denunciado en estos años?

NORA   Porque llegué a un acuerdo con él y todos los
          meses se lo voy devolviendo. Pero no tuve la
          prudencia de firmar ese acuerdo... Yo no sé
          de leyes, no sé qué hacer.

CRISTINA Bueno. Estás atrapada. Vamos a intentar arre-
          glarlo. Voy a hablar con Óscar para que no en-
          víe nada.

NORA   No.

CRISTINA ¡Ya verás como consigo convencerlo!

NORA   Quizás haya enviado ya el mensaje.

CRISTINA O no. Tenemos dos posibilidades. La primera
          es que yo lo convenza y elimine el envío y la
          otra es que tú le quites el móvil a Osvaldo, que
          lo escondas y elimines tú el mensaje si le lle-
          ga esta noche.

NORA   (*Dudando.*) ¿Quitárselo?

CRISTINA Eso está «chupao».

NORA   Lo puedo intentar. Pero mañana recuperará el
          móvil o se comprará uno nuevo. Además Ós-
          car seguirá teniendo el documento firmado.

CRISTINA Paso a paso, Nora. Lo primero es evitar que le
          envíe nada a Osvaldo. Así ganamos tiempo.

          (*Entra Osvaldo* HELMER.)

HELMER   ¿Como están mis chicas? Que nos tenemos
              que ir a la fiesta.

CRISTINA   (*Reaccionando.*) Nada, que Nora se estaba pro-
              bando el vestido para esta noche.

HELMER   Pero Nora, ¡qué mala cara tienes! ¿Tan mal te
              queda el vestido?

NORA   ¿A mí? Nada.

CRISTINA   Que nos acabamos de dar cuenta de que no
              tenemos nada para ti. Es que mira como va tu
              mujer. ¿Te puedo probar algo?

HELMER   Sí, claro que puedes.

CRISTINA   (*Le prueba una chaqueta.*) ¿Qué te parece, Nora?

NORA   Qué guapísimo estás. ¿Te puedo pedir algo mi
              amor? Quiero que esta noche me prestes aten-
              ción solo a mí.

CRISTINA   Tu mujer no quiere compartirte con nadie más.

HELMER   No me comparte con nadie.

CRISTINA   Ni con nada.

              (HELMER *pone cara de no entender.*)

NORA   Se refiere al móvil.

HELMER   ¿Al móvil?

NORA   Sí, que quiero que vayamos a la fiesta tú y yo, y que no te lleves el trabajo encima.

CRISTINA   ¿Sabéis qué? Me voy a encargar de la cena de los niños.

    (*Comienza a sonar música.* NORA *y Osvaldo salen de escena bailando.*)

Escena 12

En escena CRISTINA Linde y ÓSCAR.

ÓSCAR   ¿Qué quieres?

CRISTINA   Tenemos que hablar. Lo sabes muy bien. Esto es urgente.

ÓSCAR   ¿Tenemos algo de qué hablar tú y yo?

CRISTINA   Bastante.

ÓSCAR   No podía imaginarlo.

CRISTINA   ¿Todavía no me has perdonado?

ÓSCAR   No había nada que perdonar. Son cosas que pasan en la vida.

CRISTINA   ¿Todavía me odias?

ÓSCAR   No he podido olvidarlo.

CRISTINA   Sigues pensando que me fui por dinero.

ÓSCAR   Sí, me dejaste con un mensaje en el móvil y sin dar explicaciones. ¿Acaso hubo otro motivo?

CRISTINA   No me atrevía a mirarte a los ojos.

ÓSCAR   O sea, que fue por dinero.

CRISTINA   Tenía que mantener a mi madre y a mis her-
             manos, y yo era una cría. ¿Qué querías que
             hiciera?

ÓSCAR   Que me lo hubieses dicho a la cara. No se rom-
             pe una relación de esa manera.

CRISTINA   Me equivoqué. Hoy no lo hubiera hecho así.

ÓSCAR   Cuando te fuiste, no hice una locura por mis
             hijos.

CRISTINA   Venga por favor, no exageres.

ÓSCAR   No exagero. Mírame ahora. Mira en que me
             he convertido.

CRISTINA   ¿Qué dices?

ÓSCAR   Escúchame, yo tenía una posibilidad de sal-
             varme cuando tú te has metido por medio y
             me has robado mi puesto en el banco.

CRISTINA   No sabía nada. Yo me he enterado hoy.

ÓSCAR   ¿No vas a renunciar?

CRISTINA   No te serviría de nada.

ÓSCAR   Si yo estuviera en tu lugar, renunciaría.

CRISTINA   Yo me siento igual que tú, o peor. A ti te quedan tus hijos, yo estoy sola.

ÓSCAR   Porque no quisiste seguir conmigo. Pero, ya da igual. De nada sirven los reproches después de tantos años.

CRISTINA   ¿Por qué crees que he venido a hablar contigo? Perdóname.

ÓSCAR   No sigas por ahí. No soy el mismo ingenuo de entonces.

CRISTINA   Lo sé, no eres ningún ingenuo. Perdóname, lo siento.

ÓSCAR   Cómo te voy a perdonar, después de todo el daño que me hiciste.

CRISTINA   Te conozco y todavía confío en ti. Sé que me necesitas, yo te necesito. Yo podría ayudarte a criar a tus hijos. Podría ser una madre para ellos. Hablo en serio.

ÓSCAR   (*Emocionado, le toma las manos.*) Cristina, ¿eres sincera? ¿No te envía Nora?

CRISTINA   No te miento. Sí, vengo a interceder por Nora.

ÓSCAR   Lo sabía.

CRISTINA   Mira, no te he olvidado. El otro día cuando te vi, siempre me pregunté como hubiera sido mi vida contigo y con tus hijos. Ahora me gustaría descubrirlo. Nos merecemos una segunda oportunidad.

ÓSCAR   Quiero creerte. Pero tengo miedo.

CRISTINA   Yo también tengo miedo, no me apetece sufrir más.

ÓSCAR   Jamás te haría daño.

CRISTINA   ¿Entonces? Vamos a intentarlo...

ÓSCAR   Qué locura es esta.

(*Se escucha a los niños llamar a* CRISTINA.)

CRISTINA   Tengo que volver, que están los chicos solos.

ÓSCAR   Está bien, pero antes tienes que saber lo que acabo de hacer.

CRISTINA   ¿Qué has hecho? ¿Se lo has enviado todo a Osvaldo...?

ÓSCAR   Sí, se lo he enviado al móvil. (CRISTINA *se lleva las manos a la cabeza*.) No había hablado contigo.

CRISTINA   Quizá todavía estemos a tiempo de resolverlo.

ÓSCAR   ¿Cómo?

CRISTINA   Si no ha leído el mensaje, podrías eliminarlo.

ÓSCAR   (*Saca el móvil.*) Muy bien. Mira. Aquí lo tengo.

(*Se lo muestra. Todavía no lo ha leído.*)

CRISTINA   (*Cambia repentinamente de opinión.*) ¡Espera! ¡No lo elimines!

ÓSCAR   ¿Cómo?

CRISTINA   Que no lo elimines. No lo hagas.

ÓSCAR   ¿Pero no has venido a buscarme para pedírmelo?

CRISTINA   Sí, pero creo que Nora tiene que hablar con su marido, tienen que contarse la verdad o les va a ir muy mal.

ÓSCAR   ¿Estás segura?

CRISTINA   Sí, completamente. No elimines el mensaje, pero te voy a pedir una cosa.

ÓSCAR   Lo que tú quieras.

CRISTINA   Rompe el contrato de venta de la casa y borra la grabación.

ÓSCAR   Lo haré.

CRISTINA   Ahora, vete.

Escena 13 y última

NORA, HELMER y CRISTINA.

NORA Quiero volver a la fiesta y seguir bailando.

HELMER Pero, Nora...

NORA Me lo estaba pasando tan bien... ¿Qué te cuesta subir un ratito a la fiesta?

(*Entran al salón donde está* CRISTINA *Linde. Se separan.*)

CRISTINA Buenas noches.

NORA ¡Cristina!

HELMER ¿Todavía estás aquí?

NORA ¿Todo bien con los niños?

CRISTINA Sí, a los niños les ha costado coger el sueño. ¿Qué tal fue?

NORA El vestido un éxito.

HELMER   Sí, demasiado. Le has dejado mucho escote, ¿no?

CRISTINA   Pues está guapísima.

HELMER   Ha sido el centro de la fiesta. Me la tuve que llevar casi a la fuerza. Es que ya estaba un poco celoso. No hacía más que bailar con todos los hombres a su alrededor.

CRISTINA   (*A* HELMER.) ¿Y por qué no bailaste con ella?

HELMER   Lo intenté, pero no pude. Tuve que darle un beso para que vieran que es mi mujer.

NORA   Tu mujer... me llamo Nora.

HELMER   Perdona. Quería decir que yo soy tu marido y que nos queremos. (*Busca algo.*) ¿Y mi móvil, cariño? Creía que lo había dejado aquí.

NORA   No lo sé cariño, tal vez te lo has dejado en la habitación.

           (HELMER *lo busca sin éxito.*)

CRISTINA   Óscar no te va a denunciar, pero ya le había enviado el mensaje. Tienes que decírselo a tu marido. Confía en mí.

HELMER   (*Vuelve a su lado.*) ¡Nada! Que no lo encuentro. ¿Por qué no me ayudas a buscarlo, Nora?

NORA   Cariño deja el móvil, Cristina se marcha ya, y
            nosotros nos tenemos que ir a descansar.

CRISTINA   Os dejo, buenas noches.

NORA   Adiós, Cristina.

CRISTINA   (*Se dirige a* NORA *antes de salir.*) Al pequeño
            le deje la luz encendida. Si necesitas cualquier
            cosa, estoy en el hotel.

HELMER   Gracias por todo, Cristina. Adiós. (CRISTINA
            sale de escena.) Un poco pesada, ¿no?

NORA   Se quedó con los niños. Pero ya se ha ido.

HELMER   Por cierto, ¿te fijaste en lo contento que se le
            veía a Peter en la fiesta?

NORA   ¿Ah, sí? No hablé nada con él.

HELMER   Bailó toda la noche, igual que tú. ¿Sabes que
            me puso entre cachondo y celoso, verte bai-
            lando rodeada de tantos hombres mirándote?

            (*Gesto de: «pero no, mi amor, Norita es mía».*)

NORA   Osvaldo, me había olvidado de cómo te ponía
            el alcohol.

HELMER   Ven aquí…

            (*Entra* RANK.)

RANK   ¿Os molesto?

HELMER   No hombre, lo diste todo esta noche.

RANK   Hombre..., esos gin tonic. Me dijeron que os fuisteis de la fiesta. Y como no pudimos hablar, pasé un segundo.

NORA   Era tarde.

RANK   Nora, estás guapísima con tu vestido.

NORA   Muchas gracias, Peter.

RANK   Osvaldo, necesito decirte (NORA *hace un gesto para detenerlo.*) que sois una pareja preciosa.

HELMER   Sí.

RANK   Nora es una mujer tan hermosa.

NORA   Peter, estás borracho.

HELMER   Esta noche te veo eufórico.

NORA   Habéis bebido mucho los dos.

HELMER   Pero él más que yo.

RANK   Tengo mis motivos.

HELMER   ¿A sí? Cuéntanos.

RANK   La certeza. He decidido beber y beber hasta el agua de los floreros.

NORA   Sí, pero mañana vas a tener resaca.

RANK   Todo se paga en la vida.

HELMER   (*Osvaldo se levanta a abrazar a Peter.*) No sabía que te gustaban las fiestas de disfraces.

(NORA *le hace un gesto a* RANK.)

RANK   Mucho. Muchísimo. Tanto que me voy a disfrazar ahora mismo de hombre invisible. Y desaparecer.

NORA   Cuídate, Peter.

HELMER   Está borracho.

NORA   Puede ser. ¿Qué haces, Osvaldo? ¿No te he dicho que mañana te ayudaré a buscar tu móvil? Anda, vamos a la cama.

HELMER   (*Muestra el móvil, que acaba de encontrar.*) ¡Por fin! Ay, Nora, pensaba que no lo iba a encontrar nunca.

NORA   Déjalo y vámonos.

HELMER   Espera. Déjame ver si tengo algún mensaje, que ahora con mi puesto tengo que estar disponible las veinticuatro horas del día.

NORA   ¡No lo mires!

            (*Intenta quitárselo.*)

HELMER   ¿Pero qué haces?

            (HELMER *la empuja y se separa de ella.*)

NORA   ¡Que bruto eres! Me has hecho daño.

HELMER   ¿Qué te pasa?

NORA   Si me quieres, no lo mires.

HELMER   (*Mirando el móvil.*) ¡Mira, un mensaje de Peter! Lo acaba de enviar. (*Sorprendido. Leyendo el mensaje.*) Una cruz negra. ¿Tú sabes qué significa esto?

NORA   La certeza.

HELMER   ¿Qué certeza?

NORA   Se estaba despidiendo de nosotros. El oncólogo le ha dicho que no se podía hacer nada más y que era cuestión de tiempo. Él ha decidido hacerlo así, con morfina y sin que nadie lo visite.

HELMER   ¿De verdad se va a morir? ¿Me lo estás diciendo en serio? ¿Ya no lo vamos a volver a ver?

NORA   Él ha querido hacerlo así.

HELMER   No me lo puedo creer. Es mi amigo. Abrázame.

(La abraza y la besa pero NORA *se separa asustada.)*

NORA   Te dije que no miraras el móvil. Vamos a descansar.

*(*NORA *va hacia el dormitorio y cuando comienza a cambiarse de ropa, se escucha a Osvaldo.)*

HELMER   ¡Nora! (NORA *se detiene.*) ¡Nora! ¿Qué es esto? (NORA *se da media vuelta y lo mira.*) Tengo un mensaje de Óscar.

NORA   Sí, lo sé. No hace falta que me lo digas.

(Se da media vuelta.)

HELMER   ¿Es verdad lo que dice? (NORA *asiente con la cabeza.*) ¡Dime que es mentira!

NORA   *(Afirma con la cabeza.)* Ojalá fuera mentira.

HELMER   ¿Esta es tu firma?

NORA   Lo mejor es que me vaya.

HELMER   ¡Antes dame una explicación!

NORA   Ya lo sabes todo.

HELMER   ¿Cómo has podido engañarme? ¡No tienes vergüenza! ¿Por qué? Dime algo.

NORA   Discúlpame, no supe hacerlo. Estabas enfermo, necesitábamos cuarenta mil euros y de un día para otro teníamos que irnos a Estados Unidos.

HELMER   Pensaba que el dinero nos lo dio tu padre.

NORA   Te mentí. Lo hice por la familia, lo hice por ti. Me equivoqué.

HELMER   ¿Me estás diciendo que yo tengo la culpa de que tú seas una estafadora? ¡Eres como tu padre! Llevas sus genes. Salvé a tu padre de la cárcel, no tenías donde caerte muerta y me lo pagas de esta manera. ¡Me van a despedir del banco cuando se enteren! ¡Cómo me van a mirar a la cara nuestros hijos! ¡Dime!

NORA   Me quiero morir.

HELMER   Yo me tendría que haber muerto hace nueve años, antes de que me hicieras esto. Se hará público y dirán que yo te encubrí y que fui cómplice de tu estafa. ¿Te das cuenta del daño que me has hecho? Y lo peor es que voy a tener que volver a mancharme las manos para salvarte a ti y a la familia. ¡Qué vergüenza, Nora! Cómo voy salir a la calle. ¡Éramos un equipo! No hace ni una semana que soy director del banco. Qué vergüenza, ¿Cómo le pudiste hacer esto a tus hijos? No voy a permitir que eduques a nuestros hijos, eres una estafadora. Me has jodido la vida. Este hijo de puta encima dice que nos devuelve el contrato. Lo ha dejado en la puerta (HELMER *sale disparado.* NORA *permanece en silencio, muy afectada. Se quita el disfraz y se pone unos vaqueros, una camiseta, un jersey y una cazadora, que tiene sobre una silla.* HELMER *regresa.*) Qué vergüenza, dice que no nos va a hacer nada. Por tu culpa, estoy en manos de ese cabrón y encima no lo puedo despedir. Con qué cara voy a mirar a ese tío, sabiendo lo que sabe. ¿Quién más lo sabe?

(*Se sienta al lado de* NORA.)

NORA   Osvaldo, tenemos que hablar.

HELMER   ¿De qué?

NORA   ¿De qué? Ese es el problema, que no sabemos de qué. ¿No te das cuenta de que en los quince años que llevamos casados nunca hemos hablado de verdad como marido y mujer?

HELMER   ¿Qué dices?

NORA   Quince años sin tener una sola conversación seria. Hablamos de los hijos, de sus estudios o de la familia. Dejé de estudiar porque te empeñaste en que nos casáramos. Yo era muy joven y estaba muy enamorada. Luego vinieron los niños, unos detrás de otro, no tenía tiempo ni para mí. Luego tu enfermedad y solo te cuidaba. Jamás me has preguntado si he sido feliz. Si he sido feliz contigo.

HELMER ¿No has sido feliz conmigo?

NORA Creo que no, Osvaldo. ¿Acaso te has interesado alguna vez por mis estudios? ¿Me preguntas cómo me siento estudiando a la vez que trabajo y cuido a los niños? ¿En qué curso estoy? ¿Cómo me siento contigo? En la fiesta te gustaba verme con el vestido y con el escote, pero nunca te oí hablar de lo que yo estudiaba y trabajaba. Nuestra relación ha sido por interés. ¿Y Cristina? ¿Qué soy para ella? La mujer de quien puede darle un trabajo en el banco. Solo eso. Y Peter. ¿Sabías que estaba enamorado de mí? Esta tarde me confesó que estaba enamorado, y lo peor, yo no sé qué siento por él. Y de verdad, ¿no te diste cuenta? Además te atreves a poner en duda si puedo cuidar a mis hijos.

HELMER Estaba furioso.

NORA (*Con lágrimas en los ojos.*) Osvaldo, voy a dejarte.

HELMER ¿Qué dices?

NORA Que no puedo seguir aquí.

HELMER   ¿Te has vuelto loca?

NORA   Nunca estuve tan cuerda.

HELMER   No te puedes ir. ¿Y de qué vas a vivir?

NORA   No te preocupes que puedo arreglarme sola.

HELMER   ¿Y tus estudios?

NORA   ¿Ahora te preocupan mis estudios?

HELMER   Nora, ¿has pensado en tus hijos?

NORA   Es en ellos en quien estoy pensando.

HELMER   Pero Nora…

NORA   Yo no sé si te quiero. No te culpo, me hago
           cargo. He sido yo la que ha estado aquí todos
           estos años. Lo hice porque quise, pero ahora
           quiero estar sola.

HELMER   Venga, quítate la chaqueta.

NORA   Déjame en paz. Tengo que pensar y tomar de-
           cisiones. Tengo que ver quién soy. Te estoy di-
           ciendo que no sé si te quiero.

HELMER   Cuando leí la carta me puse nervioso. ¿De ver-
           dad te vas a ir? ¿Vas a dejar a tus hijos? Pien-
           sa en Emma, en los niños…

NORA   Es lo que más me duele, pero cuando sean mayores, creo que me van a entender. Gracias Osvaldo.

HELMER   ¿De qué?

NORA   No lo vas a entender. Adiós.

Telón

Esta primera edición de *casa de muñecas*,
de Eduardo Galán, terminó de imprimirse
en enero de dos mil veinticinco,
en Madrid.